# Pure Poets Book Of Rhymes

## Educational Poems in English and Cherokee

Written by: Douglas & Michelle Bridges

Contributions by: Eric Rose

# DEDICATION

To all the children who desire to learn and grow in wondrous way!.

# CONTENTS

# ACKNOWLEDGMENTS

We want to say a special thank you to Eric Rose of Mr. R's World of Math, www.mathstory.com, for allowing us to include a chapter of his delightful poetry. We encourage you to visit his website for more rhymes in math, science, and pure fun.
A special thank you to all the poets whose poems we used to teach our own children. Your words have inspired many.

# 1 ANIMALS

## Wise Owl

A wise old owl
lived in a tree.
He sat on a branch
for all the world to see.
He listened to the snake
he heard the bee,
he looked at a mouse,
but not a word said he.

agadanai uweti ugugu
hinelv itlvgv
nahi uwolv ugila uwanigalv
nasgihai nigadv hia elohi agowadvdi
nahi hadvdasda hia inadv
nahi advgisdi hia wadulisi
nahi ugatanv nanai tsisdetsi
aseno nasginigesvna kanehisdi nuwesvgi nahi

## Farm

Horses, donkeys, cows, nothing new,
Chickens, kittens, pigs, too,
Fish that swim in the spring,
All these animals and more you see,
When you visit the farm like me.

hilvsgi – tsiaqualli hilvsgi – digalenvihda hilvsgi –
    waga tlagohusdi atse
hilvsgi – tsataga hilvsgi – wesv – ada hilvsgi – siqua
    nasquu
atsadi nasgi adawosdi hawinaditlv hia amaganugov
hilvsgi – kawonu hilsvgi – tsisqua adageyudi
kanogisdinigadv nasgihia hilvsgi – ganatlai ale utliigai
    nihi agowadvdi
hilayui nihi adawadvdi hia galogesv utloi ayv

## To Be A Bird

If I were a bird, I would sing a song,
And fly the whole day long,
And when the time came to rest,
I would fly up to my little nest.

iyuno aya gesvgi sisqua aya yadaidisi kanogisdi
    kanodisdi
ale alawisisi hia gvwanosda iga ganvhida
ale hilayui hia aliyilisv hulutsei atsawesolvsdi
aya alwididi galvlatitli aquatseli usti unesgilvsv

## My Little Dog

I had a little dog
Her fur was white and gray
One day I thought I'd bathe her
To wash the dirt away.
I washed my small dog
Then dried her with a towel
My dog liked her bath
She didn't even growl.

aya ayehv usti gili
nasgi agehv uwuyatanv gesgi unegv ale usgolv – agonige
siga aya adanhtehdi aya yadaidisi adwoa nasi agehv
agvsqouv hia gadv utsatina
nahiyui akayotanv nasgi agehv utloyas diatlkavodi
aquatseli gili galvquododi nasi agehv adawosdi
nasgi agehv nudvnelv nasginigesvna itsulaha dasuheisga

## Black Cat

Black cat yawns
Opens her jaws
Stretches her legs
Shows her claws
Then she gets up
Stands on all four
Long stiff legs
Yawns once more
She lifts herself
On her toes
She arches her back
As high as it goes
She lifts herself down
With care
Walks away
With her tail in the air

gvnigei wesi uhalogesgv
asduidv aquali
didanestodi diganvsgeni
adasehelvdi nasgi agehv dekanugosga
nahiyui nasgi agehv agidiyi galvlatitli
aledi ugila nigadv nvgi
ganvhida ganetaya ganvsgeni
uhalogesgv igadvutliigai
nasgi ageyv asaladodi uwasv ageyv
ugila deganasadv
nasgi ageyv atsi gasohi
tsilvsdiquv galvladi tsilvsdiquvnasgi egoi
nasgi aggeyv asaladodi uwasv ageyv eladi
utloyasdi agesestodi
eladi – edasdi utsatina
utloyasdi nasgi agehv ganidadv hawinaditlv hia unole

## Squirrel

This tree
Bare and brown
With colored leaves
Falling down.
This squirrel
Eyes so bright
Hunts for food
Day and night.
In this hole
Where everyday
Nut after nut
She stores away.
Winter comes
With cold and snowstorm
She will sleep
Comfortable and warm.

hiano itlvgv
uyelvha ale uwodige
utloyasdi asuwisv tsugaloga
galosgv elsadi
hiano saloli
digatoli tsulvsda
ganohilihasdi nasgihai alisdayvnvdi
iga alesvnoi
hawinaditlv hiano atalesv
hatlv tsugitsvnvda
adayaadadvsgi ulosonv adayaadadvsgi
nasgi ageyv dadanvnv utsatina
goli galuga
utloyasdi uyvtlv ale vnatsi unole
nasgi ageyv galvdi
utsoasedgi nigesvna ale aganawhdiha

## Robin & Cat

Little robin
Sat in a tree
Up went a cat
And down came he.
Down came cat
And away robin ran.
Said robin to cat,
"Catch me if you can,"
Robin jumped
On a wall.
Cat jumped
And took a fall.
Robin sang
What did cat say?
Nothing
Robin flew away.

usti tsisquoquo
uwolv hawinaditlv itlvgv
galvlatitli uwenvsv wesi
ale eladitli danilugei nahi
eladitli danilugei wesi
ale utsatina tsisquoquo dusqualvtanv
hinegi tsisquoquo wesi
ganiyidi ayv iyuno nihi yeliquo
tsisquoquo dilitadinvdi
ugila asoyv
wesi dilitadinvdi
ale utani ulosvi
tsisquoquo kanogisdi
gado nudvnelv wesi hinegi tlagohusdi
tsisquoquo alawididi utsatina

# 2 SHAPES & COLORS

Circle


I am a circle
I spin around
Happy as can be.
Curve to the left
And travel around,
I'm not straight
And I don't bend,
My outside edges
Never will end.

aya ayano gasaqualv
aya adiqualvdeyoha yuwaso
alihelisdi tsilvsdiquv yeliquo nasquv
adeyohvi agasgani
ale ahneladia yuwaso
aya ayano nasginigesvna gatsinosdv
ale aya hnadvga nasginigesvna adisadadisdi
aquatseli doyi asdvi
vtlvhiluhiyui ulisquadv

## Square

I'm a square
My four sides
Are the same
Turn me around
It doesn't matter
I'm always the same

aya ayano nvgi – tsunvsiya
aquatseli nvgi disquageni
hia utloyi
agatahvsdi ayv yuwaso
nasgi nasvne nasginigesvna iyusdi yadvhna
aya ayano nigohilvi hia utloyi

## Oval

I'm an oval
Circle and I
Are not the same
Give it a try
The shape of a football
As you can see
Or like an egg
Is what there will be.

aya ayano uwetsi – utloyi
gasaqualv ale aya
nasginigesvna hia utloyi
adanedi nasgi anelvtodi
hia udotlvsvi vhnai alasgalvdi
tsilvsdiquv nihi yeliquo gowadvdi
ale nasgiyai uwetsi
gesvi gado nahna gesesdi

Triangle

Count my sides
One, two, three
Draw a triangle
Like me

disesdi aquatseli disquageni
saquui tali tsoi
ditlilostodi tsoi tsuhnvsiya
utloi ayv

## Heart

Point at the bottom
Two hills on top
Love is in the air
I just can't stop!

gosdayi nanai hia gasedogvi
tali digadusi ugila gadui
adageyudi gesvi hawinaditlv hia unole
aya sgiquv yeli – nigesvna alewistodi

## Star

I am a star
You can see me
From afar
You can see
My five points
Make me complete
Reach each of my joints
You can't be beat!

aya ayano aninoquisi
nihi yeliquo agowadvdi ayv
nidvlenvda inv
nihi yeliquo agowasvdi
aquatseli hisgi gosdayi
gotlvdi ayv kaliwohi
atoyanvhidisdi anisiyvwiha vhnai aquatseli agutitlv
nihi yeli – nigesvna nasquv adatlohisdi

## Colors Of The Rainbow

Red and orange
Green and blue
Shiny yellow
Purple, too
All the colors we know
Live up in the rainbow.

gigage ale adalonige
itseiyusdi ale sagonige
utsisdalugisgi dalonige
gigesdi nasquu
nigadv hia disuwisdi oginaligohi onvdv
hinelv galvlatitli hawinaditlv hia unvquolada

Blue

Blue is the water
Blue is the sky
Blue is the berry
I put in the pie.

sagonige gesvi hia ama
sagonige gesvi hia galvloi
sagonige gesvi hia udatanvhi
aya wadiyi hawinaditlv hia gelisgi

Green

Green is grass
String beans and peas.
Green are branches
On  trees.

itseiyusdi gesvi ganulvhi
asti tua ale duyunasdii
itseiyusdi hia duwanigalv
ugila  detlvgv

## Red

Red is a rose
And a cherry.
Red is his nose
Just like a strawberry.

gigage wesvi gutsayosdi
ale gitaya
gigage wesvi ayvsoli
sgiquv nasgiyai ani

# 3 NUMBERS

## Even Odd

Two, four, six, eight,
Being even is just great.
One, three, five, seven, nine,
Being odd is just fine.

tali nvgi sudali tsunela
alenidohv itsulaha gesvi sgiquv osaniyu
saquui tsoi hisgi galiquogi sonela
alenidohv tsudalehnai gesvi sgiquv osani

## Number Formations

Down you run
To make a one.
Follow the train, go right around
And back across the ground.
Two! Two!
Around and around, What will it be?
That is the way to make a three.
Down and over, and down once more
That is how to make a four.
Short neck, belly fat
Number five wears a hat.
Make a curve, the a circle you go
That's a six, you know.
Straight across, slide down from heaven
That is how to make a seven.
Make an 's', but do not wait
Go back up and make an eight.
Make a ball and then a line
That is the way to make a nine.

eladi nihi atli
gotlvdi saquui
asdawadvsdi hia digatsanula anagisdi duyugodv yuwaso
ale asini diganadiwisvi hia gatohi
tali! tali!
yuwaso ale yuwaso gado gesesdi ?
nasgi gesvi hia galohisdi gotlvdi tsoi
eladi ale gawohilvtodi ale eladi saquuiyuwagadi utliigai
nasgi gesvi hilagi gotlvdi nvgi
squalai agilageni asquoli galitsohida
asesdi hisgi anuwosdi alisqueduwo
gotlvdi adeyohvi nahiyui gasaqualv nihi anagisdi
nasgi gesvi sudali nihi onvdv
gatsinosdvdiganadiwisvi atloladodi eladitli nidvlenvda
      galvladi – tsosv
nasgi gesvi hilagi gotlvdi galiquogi
gotlvdi 's' aseno hnadvga nasginigesvna agatidisdi
anagisdi asini galvlatitli ale gotlvdi tsunela
gotlvdi alasgalodi ale nahiyui asdanvnv
nasgi gesvi hia galohisdi gotlvdi sgohi

Pie

Don't cut the pie if you're serving one,
You can eat the whole thing just for fun.
Cut the pie in half, if you're serving two
Everybody gets half, me and you.
Cut each piece in half, if you are serving four
Everybody gets a quarter, but no more.
Cut each piece in half, if you are serving eight
Everybody gets an eighth, and that's just great.
Cut each piece in half, if you're serving sixteen
Everybody gets a sixteenth, that's too lean.
Do not cut the pie if you're serving thirty – two
Time to buy another pie, isn't that true?

hnadvga nasginigesvna ayelasdi hia gelisgi iyuno nihi
    nadvnehvi saquui
nihi yeliquo agisdi hia gvwanosda iyusdi sgiquv nasgihai
    uwotlvdi
ayelasdi hia gelisgi hawinaditlv ayeli iyuno nihi
    nadvnehvi tali
nanivquu agidiyi ayeli ayv ale nihi
ayelasdi hia gelisgi hawinaditlv ayeli iyuno nihi
    nadvnehvi nvgi
nanivquu agidiyi ginutodi aseno tla utliigai
ayelasdi hia gelisgi hawinaditlv ayeli iyuno nihi
    nadvnehvi tsunela
nanivquu agidiyi tsuneline nasgi gesvi sgiquv asaniyu
ayelasdi hia gelisgi hawinaditlv ayeli iyuno nihi
    nadvnehvi daladu
nanivquu agidiyi daladusine nasgi gesv nasquu
    hawiyahai
hnadvga nasginigesvna ayelasdi hia gelisgi iyuno nihi
    nadvnehvi tsosgotali
aliyilisv awahisdi nudale gelisgi gesvi nasgi
    nasginigesvna utohiyu?

## Rounding

Find your number
Look right next door.
Four or less, just ignore,
Five or more, add one more.

awadvdi tsatselii asesdi
dakata duyugodv soi asdudi
nvgi ale gayolige, sgiquv adagasestodinigesvna
hisgi ale utliigai gatlisoi saquui utliigai

## Counting Money

Penny, penny
Easily spent
Copper brown
And worth one cent.
Nickel, nickel
Nice and fat
Worth five cents
I knew that.
Dime, dime
Little and thin
I know that
You're only worth ten.
Quarter, quarter
Big and bold
Worth twenty – five cents
I am told

saquuiyadanvtedi saquuiyadanvtedi
ahidigei uniwasv
tsayi uqodige
ale tsugvwalodi saquui iyadanvtedi
hisgi – iyadanvtedi hisgi – iyadanvtedi
osda ale galitsohida
tsugvwalodi hisgi hilvsga – iyadanvtedi
aya anvdv nasgi
sgohi – iyadanvtedi sgohi – iyadanvtedi
usti ale sagei
nihi uwasa tsugvwalodi sgohi
ginutodi ginutodi
equa ale niganayesgvna
tsugvwalodo talisgohisgi hilvsga – iyadanvtedi
aya ayano kanohetlvi

## Addition

Put your tens high
And your ones low
Add those together
You're ready to go.

wadiyi tsatselii hilvsga – sgohi galvladi
ale tsatselii eladitli eladi
gatlisodi nasgi itsula
ale nihi advnvistanonv hanigi

## Turn Around Game

Don't get mad
When you add
Because the sum
Will be the same when
The numbers spin.

tlesdi agidiyi uhnalv
hilayui nihi gatlisodi
igvnisisgi hia igai
gesesdi hia utloyi hilayui
hia disesdi adiqualadeyo

# 4 MR. R'S POEMS

**Written by Eric Rose**
**Translated & Illustrated by Michelle Bridges**
**Please visit www.mathstory.com for more of his wonderful poetry.**

## Someone Stole the School Bus!!

Someone stole the school bus,
Don't ask me how or why,
It's too far to walk to school,
Or run,
Or even fly….
Someone stole the school bus.
What a bad, bad thing,
So many kids can't get to school,
What's this gonna bring??
No more classes,
No more teachers,
No more ringing bells…..
No more pencils,
No more papers,
No more lunchroom smells!
Someone stole the school bus.
I can't imagine who,
I think they're pretty evil,
I bet you think so too….
Someone stole the school bus,
I'm feeling pretty beat,
Burying a school bus,
Is not an easy feat….

giloasiyvwi gvnosgisv hia tsunadeloquasdi yvwi –
      unatsotodi
tlesdi adadvtodi ayv hilago ale gatono
nasgi gesvi nasquu inv eladi – edasdi tsunadeloquasdi
ale atli
ale itsulaha alawididi...
giloasiyvwi gvnosigisv hia tsunadeloquasdi yvwi –
      unatsotodi
gado uyoi uyoi iyusdi
unitsadv diniyoli tlayeli agidiyi tsunadeloquasdi
gado gesvi hiano dayesi ayohisdi?
tla utliigai dunaligosv
tla utliigai dinadeyohvsgi
tla utliigai ganohyvtlsdiha hilvsga – uhatlvni...
tla utliigai hilvsga - digowelodi
tla utliigai digoweli
tla utliigai iga – alisdayvdi kanvsulv hilvsga – gawasvsdi!
giloasiyvwi gvnosigisv hia tsunadeloquasdi yvwi –
      unatsodtodi
aya tlayeli iyelidi gago
aya adanvtedi nasgidv uwoduhi uneguhi
aya digvwalodi nihi adanvtedi nasquu
giloasiyvwi gvnosigisv hia tsunadeloquasdi yvwi –
      unatsodtodi
aya ayano asvnasdi uwoduhi galvsdi
ganisodi tsunadeloquasdi yvwi – unatsodtodi
gesvi nasginigesvna wanahigestodi adagonadvdodi...

## Pennies In My Pocket

I have pockets on my pants,
And pennies in my pockets,
Pretty pennies in the pockets,
Of my purple penny pants...
I need to have 10 pennies,
To do the penny dance,
So I want to have 10 pennies,
In the pockets of my pants...
One pocket in my pants,
Has 5 pretty pennies,
How many do I need,
To do the penny dance?
5 more pennies?
YES!!!
Join me for the dance,
They're in the other pocket,
Of my purple penny pants!!!

aya uha dadlawadv ugila aquatseli asulo
ale hilvsgi – saquuiyadanvtedi hawinaditlv aquatseli
    dadlawadv
uwoduhi hilvsgi – saquuiyadanvtedi hawinaditlv hia
    dadlawadv
vhnai aquatseli gigesdi saquuiyadanvtedi asulo
aya uduladi uha sgohi hilvsgi – saquuiyadanvtedi
hnadvga hia saquuiyadanvtedi alisgisdi
aya aduladi uha sgohi hilvsgi – saquuiyadanvtedi
hawinaditlv hia dadlawadv vhnai aquatseli asulo
saquui adlawadv hawinaditlv aquatseli asulo
uha hisgi uwoduhi hilvsgi – saquuiyadanvtedi
hilago ugodidi hnadvga aya uduladi
hnadvga hia saquuiyadanvtedi alisgisdi?
hhisgi utliigai hilvsgi – saquuiyadanvtedi?
howa!!!
adeladisdi ayv nasgihai hia alisgisdi
nasgidv hawinaditlv hia soi adlawadv
vhnai aquatseli gigesdi saquuiyadanvtedi asulo!!

## Ways To Make Ten

5 + 5,
1 + 9,
8 + 2,
Make a dime...
3 + 7,
6 + 4,
Those make 10,
Are there more
?????
Yes there are!
Let me think!
Ten plus none!
Done I think!!!!
That's 6 ways,
Count again,
Six fun ways,
To make my ten!

hisgi kanequotsv hisgi
saquui kanequotsv sonela
tsunela kanequotsv tali
gotlvdi sgohi – iyadanvtedi
tsoi kanequotsv galiquogi
sudali kanequotsv nvgi
nasgi gotlvdi sgohi
nahna utliigai
?????
howa!
alisgolvtanv ayv adanvtedi!
sgohi kanequotsv kanigidv!
asquadvhi aya adanvtedi!!
nasgi gesvi sudali wigalohisdi
disesdi siquo
sudali uwotlvdi wigalohisdi
gotlvdi aquatseli sgohi!

## Sleeping Spiders

2 sleeping spiders start to snore,
Sleeping soundly on my FLOOR,
Sleeping spiders on my FLOOR,
Have you heard a spider snore?
Sleeping spiders on my FLOOR,
But I knew there were 2 more...
Sleeping soundly on my DOOR!!!
Have you heard a spider snore?
Spiders snoring,
2 on FLOOR!
Spiders snoring,
2 on DOOR!
I just hope there aren't more!!!
'Cause 2 + 2 = 4
I can't sleep,
When spiders snore.

tali galihvi anikananeski ahnigia dahkwalagia
galihvi ugila aquatseli yatenohi
galihvi anikananeski ugila aquatseli yatenohi
uha nihi unaadvganv kahnanesgi dahkwalagia?
galihvi anikananeski ugila aquatseli yatenohi
aseno aya unadvgi nahna gesvgi tali utliigai
galihvi ugila aquatseli asdudi!!
uha nihi unaadvganv kahnanesgi dahkwalagia?
anikananeski dahkwalagia
tali ugila yatenohi!
anikananeski dahkwalagia
tali ugila asdudi!
aya sgiquv udugigvdi nahna tla utliigai!!!
Igvnisisgi tali kanequotsv tali idigadi nvgi
aya tlayeli galvdi
hilayui anikananeski dahkwalagia

## 7 Slippers

7 silly slippers,
Couldn't find their pairs,
7 silly slippers,
Found their pairs downstairs!
7 silly slippers,
Each slipper made a team,
7 pairs of slippers,
Always make 14!

galiquogi udlasidvhi kanvsulvdilasulo
yeliquo nasginigesvna awadvdi unatseli tsuunaligohi
galiquogi udlasidvhi kanvsulvdilasulo
ahwatvda unatseli tsuunaligohi eladi arlosvsdi
galiquogi udlasidvhi kanvsulvdilasulo
anisiyvwiha kanvsulvdulasulo gotlvnvhi tsuunatsotli
galiquogi udlasidvhi kanvsulvdilasulo
nigohilvi gotlvdi nigadui!

Sun Forgot To Shine

One day the sun,
Forgot to shine,
"Busy adding 9 plus 9!"
Screamed the sun,
"I don't have time,
When I'm adding,
Nine plus nine!!!!!!!!!"
It got dark,
It got cold,
Then a girl,
9-years-old,
Said these words,
To the sun,
And they helped,
Everyone...
"Listen sun,
It's plain to me,
We need your light,
So we can see!"
She told the sun,
9 and 9,
Makes 18,
Every time!
Sun said, Yes,
Yes, you're right,
And turned on,
It's sunny light!!!

saquui iga hia nvda
uwagewisv utsisdalugisgi
"squiyatsulvwisdanehi gatlisodi sonela kanequotsv
    sonela!"
geluhvsdi hia nvda
"aya hnadvga nasginigesvna uha igohida
hilayui aya ayano gatlisdoi
sonela kanequotsv sonela!!!!!!!!!"
nasgi agisv ulasiga
nasi agisv uyvtlv
nahiyui agehutsa
sonela tsudetiyvda agvyvli
nuwesvgi nasgihia hilvsgi – kanehisdi
hia nvda
ale nasgidv ulisdelisgi
nigadv...
"hadvdasda nvda
nasgi gesvi gvni ayv
oginaligohi uduladi tsatselii atsvsdv
oginaligohi yeliquo agowadvdi!"
nasgi ageyv kanohetlvi nvda
sonela ale sonela
gotlvdi neladu
nigavi aliyilisv!
nvda nuwesvgi howa
howa nihi duyugodv
ale agatahvsdi ugila
nasgi agali atsvsdv!

## Doubles Plus 1

Doubles, doubles,
Doubles are fun,
But much better yet,
Are doubles plus 1!
Double a 4,
You always get 8,
Let's memorize that,
'cause doubles are great!
So 4 + 5
Is just 1 more!
You gotta' get 9?
Just check to be sure!
4 + 4
Plus 1,
Is 9,
Doubles plus 1,
Saves you sweet time!!!
Know a double?
Add 1 more!
Doubles plus 1,
The best way to score!
Doubles, doubles,
Doubles are fun,
But much better yet,
Are doubles plus 1!

hilvsgi – tali – iyuwagati hilvsgi – tali – iyuwagati
hilvsgi – tali – iyuwagati uwotlvdi
aseno utsti utli – iyosdv gila
hilvsgi – tali – iyuwagati kanequotsv saquui!
tali – iyuwagati nvgi
nihi nigohilvi agidiyi tsunela
alisgolvtanv itsulaayv gvnelagi nasgi
igvnisisgi hilvsgi – tali – iyuwagati osaniyu
nvgii kanequotsv hisgi
gesvi sgiquv saquui utliigai!
nihi dayesi agidiyi sonela?
sgiquv adelv – disehisdi nasquv udohiyui!
nvgi kanequotsv nvgi
kanequotsv saquui
gesvi sonela
hilvsgi – tali – iyuwagati kanequotsv saquui
hilvsgi – ahiyasdi nihi uganasdv aliyilisv!!!
onvdv  tali – iyuwagati?
gatlisodi saquui utliigai!
hilvsgi – tali – iyuwagati kanequotsv saquui
hia ohisdi galohisdi usquadisdu!
hilvsgi – tali – iyuwagati hilvsgi – tali – iyuwagati
hilvsgi – tali – iyuwagati uwotlvdi
aseno utsti utli – iyosdv gila
hilvsgi – tali – iyuwagati kanequotsv saquui!

# 5 JUST PLAIN SILLY

## Groundhog's Day

The first groundhog
Digs a home in the fall,
And slept all winter
Rolled in a ball.
The second groundhog
Comes out of his liar,
On February second
To get fresh air.
The third groundhog
Looks up at the sun,
He then sees his shadow
And goes on the run.
The fourth groundhog
At his shadow peeks,
He goes back to his burrow
For six more weeks.
The fifth groundhog
Hopes that sky will be gray,
So that he will know
Spring is on its way.
The second month
The second day
We know is
Groundhog's Day!

hia igvyi ogana
asgosdi owenvsv hawinaditlv hia ulagohvsdi
ale ulvnvgi nigadv goli
uwadaqualelv hawinaditlv alasgalodi
hia taline ogana
galuga doyaditlv vhnai utseli gayegogi
ugila kagali taline
agidiyi itsei unole
hia tsoine ogana
agatiha galvlatitli nanai hia nvda
nahi nahiyui agowadvdi utseli udayvladv
ale egoi ugila hia atli
hia nvgine ogana
nanai utseli udayvladv agatiha
nahi egoi usatvi utseli ahtolsga
nasgihai sudali utliigai hilvsgi – sunadodaquasdi
hia hisgine ogana
udugiuwa hia galvloi gesesdi usgolv – sagonige
nasgi nahi onvdv
gilagoge gesvi ugila nasgi galohisdi
hia taline sinvdv
hia taline iga
oginaligohi onvdv gesvi
ogana iga!

## Five Little Easter Eggs

5 little Easter eggs,
Lovely colors wore;
Mother ate the blue one,
Then there were four.
4 little Easter eggs,
Two and two, you see;
Daddy ate the red one,
Then there were three.
3 little Easter eggs,
Before I knew,
Sister ate the yellow one,
Then there were two.
Two little Easter eggs,
Oh, what fun!
Brother ate the purple one,
Then there was one.
1 little Easter egg,
See me run!!!
I ate the last one,
And then there was none!

hisgi usti tsisa – dulenisanv tsuwetsi
ugeyudi disuwisdi uhnawavgi
etsi aga hia sagonige saquui
nahiyui nahna gesvgi nvgi
nvgi usti tsisa – dulenisanv tsuwetsi
tali ale tali nihi agowadvdi
edoda aga hia gigage saquui
nahiyui nahna gesvgi tsoi
tsoi usti tsisa – dulenisanv tsuwetsi
udalulv aya unadvgi
ulv aga hia dalonige saquui
nahiyui nahna gesvgi tali
tali usti tsisa – dulenisanv tsuwetsi
ha gado uwotlvdi
udoi aga hia gigesdi saquui
nahiyui nahna gesvi saquui
saquui usti tsisa – dulenisanv tsuwetsi
agowadvdi ayv atli
aya aga hia oni saquui
ale nahiyui nahna gesgi kanigidv!

One dark day in the middle of the night
Two old boys got up to fight
Back to back they faced each other
Drew their swords and shot each other
A deaf policeman heard the noise
Came right out and got those boys
If you don't believe this lie is true,
Ask the blind man, because he saw it, too.

saquui ulasiga iga hawinaditlv hia ayeli vhnai hia svnoi
tali agvyvli anitsutsa agisv galvlatitli atliti
gasohi gasohi nasgidv ukadv anisiyvwiha soi
usesvha unatseli hilvsgi – hayelasdi ganvhida ale
    disdayosdi anisiyvwiha soi
tsuliena aqualisi asgaya unadvganv hia unoyvgv
hulutsei duyugodv doyaditlv ale agisv nasgi anitsutsa
iyuno nihi hnadvga nasginigesvna aquohiyu hiano
    ganagohisdi gesvi utohiyu
adadvtodi hia dikewi asgaya igvnisisgi nahi gahndogi
nasgi nasgi – nasquo

## Late For School

I got up late for school
and nearly missed the bus
I hurried down the stairs
drank my milk, there's no time to discuss!
I threw my books in a bag,
got my pencil, my lunch and shorts.
I grabbed my coat from the closet
and took my ball for sports.
I slid across the floor
and jumped over the cat.
I fell down and rolled over,
jumped up and grabbed my hat!
I ran out the door
turn and swung it shut.
I saw the bus waiting
and had time to eat a nut.
I climbed the steps and stood still,
things just were not right!
My friends fell laughing
and pointed at me in delight.
My face grew red
I just knew
I forgot my pants
shirts, socks and shoes!

aya agisv galvlatitli oniyiyu nasgihai tsunadeloquasdi
ale navnigesdi unvdvgi hia yvwi - unatsotodi
aya gvnvtsvhi eladu hia digilosvsdi
aditasdi aquatseli unvdi nahna gesvi tla aliyilisv
    kanohedi!
aya wadinvdi aquatseli digoweli hawinaditlv
    degalvdi
agisv aquatseli digowelodi aquatseli iga - alisdayvdi
    ale squalai
aya ganiyvdi aquatseli gasalena nidvlenvda hia
    dinuwo – digadvdi
ale utani aquatseli alasgalodi nasgihai dinelbdiyi
aya atloladodi diganadiwisvi hia yatenohi
ale dilitadinvdi gawohilvtodi hia wesi
aya unvtsvgi eladi ale uwadaqualelv gawohilvtodi
dilitadinvdi galvlatitli ale ganiyvdi aquatseli
    alisqueduwo!
aya dugsqualvtanv doyaditlv hia asdudi
agatahvsdi ale adanesoladedi nasgi asdudi
aya agowadvdi hia yvwi - unatsotodi agatidisdi
ale ayehv aliyilisv agisdi adayaadadvsgi
aya galefv hia akitlosvsdii ale dulehnvi toi
tsudalenvda gesvgi sgiquv nasginigesvna duyugodv!
aquatseli tsunali unvtsvgi uyetsasdi
ale wasesdi nanai ayv hawinaditlv kaliwohi
aquakadv udvsv gigage
aya sgiquv onvdv
aya uwgewisv aquatseli asulo
hawini - anuwo diliyo ale dilasulo!

# ABOUT THE AUTHOR

Douglas and Michelle have been married for 25 years and reside in Carpentersville, Illinois. They have two children and one grandchild. They both have Cherokee blood and are proud of their heritage. They taught their children and a few others the culture, myths, and language. When their children were young they tried to find children books written in both languages. There wasn't any. So, Michelle wrote a few of her own. When the first grandchild came along, they found a few stories in the English culture had been translated, like <u>Goldilocks and the Three Bears</u> and <u>Charlotte's Web</u>. There were still no original stories nor stories done in both languages. So, Douglas and Michelle decided to publish the stories she had previously written and to continue to write more together. Their goal is to introduce the Tsalagi (Cherokee) language back into the world, for those living on the reservations, and others like themselves, whom have a Cherokee bloodline but live elsewhere. They also have a YouTube channel where they teach the syllabary and introduce words spoken in Tsalagi through cute short stories. They hope new generations will be inspired to learn and teach others.

Made in the USA
Las Vegas, NV
15 May 2021

23118275R00052